Studiendesign Musiktherapie. Besonderheiten der Studienplanung mit depressiven Personengruppen

GRIN ☺

Bibliografische Information der Deutschen Nationalbibliothek:

Die Deutsche Nationalbibliothek verzeichnet diese Publikation in der Deutschen Nationalbibliografie; detaillierte bibliografische Daten sind im Internet über http://dnb.d-nb.de abrufbar.

ISBN: 9783346736406
Dieses Buch ist auch als E-Book erhältlich.

Druck und Bindung: Books on Demand GmbH, Norderstedt Germany
Gedruckt auf säurefreiem Papier aus verantwortungsvollen Quellen

Das vorliegende Werk wurde sorgfältig erarbeitet. Dennoch übernehmen Autoren und Verlag für die Richtigkeit von Angaben, Hinweisen, Links und Ratschlägen sowie eventuelle Druckfehler keine Haftung.

Das Buch bei GRIN: https://www.grin.com/document/1278284

Einsendeaufgabe

Alternative A- Arbeits- und gesundheitspsychologische Forschung

abgegeben am 31.07.2022

SRH Fernhochschule

Modul: Arbeits- und gesundheitspsychologische Forschung

Studiengang: M.Sc. Psychologie

Inhalt

Abkürzungsverzeichnis

CBT	cognitiv behavioural therapy
FEM	Fixed Effects Model
GAF	Global Assessment of Functioning
HADS-A	Hospital Anxiety and Depression Scale
ICD-10	International Statistical Classification of Diseases and Related Health Problems
MADRS	Montgomery-Asberg-Depression-Rating-Scale
MT	Musiktherapie
NNT	Number needed to treat
RAM	Random Effects Model
WHO	Weltgesundheitsorganisation

Aufgabe 1

1.1 Relevanz und Fragestellung

Depressionen zählen laut Weltgesundheitsorganisation (WHO) zu den häufigsten psychischen Störungen weltweit. Die unipolare Depression rückt nach Schätzungen zufolge von Platz drei der häufigsten Volkskrankheiten im Jahr 2004 auf Platz eins im Jahr 2030 (WHO, 2008, S. 51). Die Datenlage der WHO verdeutlicht die Relevanz weiterer Untersuchungen hinsichtlich wirksamer Therapieverfahren und möglichen Alternativen zu Psychopharmaka, um den steigenden Zahlen der depressiven Erkrankung entgegenzuwirken (Heise, Steinberg & Himmerich, 2013, S.431).

Eine psychiatrische Klinik möchte daher in der klinischen Therapie depressiver Patienten eine neu entwickelte Behandlungsform mit musikalischen Elementen (Musiktherapie) einführen und die Wirksamkeit in einer Studie überprüfen.

1.2 Setting-Beschreibung

Die Klinik bietet im Rahmen ihres Konzeptes für Patienten mit leichten bis schweren Depressionsverläufen einen 12-wöchigen, vollstationären Aufenthalt an. Die Behandlung umfasst hauptsächlich psychotherapeutische Interventionen und wird durch die Einnahme von Antidepressiva unterstützt. Ergänzend sollen nun die musikalischen Elemente, in Form einer sogenannten Musiktherapie (MT), ergänzt werden. Das Setting ist jedoch nicht für schwere Depressionen mit psychotischen Symptomen, wie z.B. Wahn o.ä., vorgesehen und nimmt solche Patienten nicht auf. Diverse Komorbiditäten, wie z.B. Ängste, Schmerzsyndrome usw. schließen eine Behandlung und eine Teilnahme an der Studie nicht aus. Die MT erfolgt zwei Mal wöchentlich à 90 min durch einen qualifizierten Musiktherapeuten. Es werden ca. acht bis maximal zehn Teilnehmer pro MT in einer Gruppe teilnehmen. Die MT findet von Montag bis Freitag statt. Am Wochenende sind keine Therapien. Die musikalischen Elemente werden innerhalb eines multimodalen Therapieangebotes angewendet (Heise, Steinberg, Himmerich, 2013, S.431).

Der Untersuchungszeitraum beträgt insgesamt ca. zwei Jahre, da nach der Hauptuntersuchung auch noch die Nachhaltigkeit in sogenannten Follow-Up Untersuchungen, nach drei und zwölf Monaten, erfolgen. Die Untersuchungsbedingungen, wie z.b. Räumlichkeiten, Therapeuten, Gruppengröße oder die Therapiesequenzen u.v.m. werden in beiden Gruppen gleich gehalten, um mögliche Effekte so gering wie möglich zu halten. Das Klinikum hat diverse ethische Aspekte diskutiert und abgewogen und ist zu dem Entschluss gekommen, dass die Studie in Form einer Blindstudie durchgeführt wird und die Teilnehmer nicht über den Inhalt oder Zweck der Untersuchung aufgeklärt werden. Dadurch wird im Vorfeld das Gefühl der Benachteiligung eingeschränkt, dass einige der Teilnehmer keine MT erhalten und dadurch ggf. keine Besserung ihrer Symptomatik erfahren werden (Wagner & Hering, 2014, S.671).

Grundsätzlich ist die Teilnahme anonym und freiwillig und bedarf das vorherige Einverständnis des Probanden. Die Patienten erhalten nur den anspornenden Hinweis, dass wenn sie bei der Studie teilnehmen, sie einen großartigen Beitrag leisten, um das Behandlungsspektrum für Depressionen zu verbessern. Nach der Auswertung erhalten die Probanden genauere Informationen zur Studie.

1.3 Studienplanung und Studiendesign

Die Klinik hat sich für ein quantitatives Studiendesign entschieden, da die Teilnehmer mit der Diagnose Depression eine Besonderheit darstellen (Schütte & Schmies, 2014, S.800-803). Auf welche Besonderheiten konkret geachtet werden soll, wird in der nachfolgenden Teilaufgabe (Aufgabe 2) ausführlich erläutert und soll an dieser Stelle nicht vorweggegriffen werden. Als Erhebungsinstrument hat sich die Einrichtung für einen standardisierten Fragebogen entschieden, da diese Methode einige Vorteile für das Erkrankungsbild Depression bietet. Beispielsweise verwendet das standardisierte Fragebogeninstrument geschlossene Fragen und gibt Antwortmöglichkeiten in Form sogenannter Skalen vor, die durch ankreuzen eine schnelle und unkomplizierte Beantwortung ermöglichen (Raab-Steiner & Benesch, 2015, S.54-56). Hingegen bei einem qualitativen Design meist ausführliche, schriftliche Befragungen oder lange, persönliche Interviews gefordert sind, dass für depressive Patienten als eher aufwendig und anstrengend wahrgenommen werden wird. Zudem ist die MT-

Forschung zwar noch jung, aber das Krankheitsbild der Depressionen schon gut beforscht, sodass eine quantitative Vorgehensweise legitim erscheint (Heise, Steinberg & Himmerich, 2013, S.431). Alternativ könnte auch die Methode der Beobachtung oder der physiologischen Messung genutzt werden. Allerdings hat sich die Klinik gegen diese Methoden entschieden, da durch die Beobachtungen nur Aussagen zu äußerlich sichtbaren Veränderungen getroffen werden können, aber ein Beobachter nicht die Stimmungen oder Gefühle eines Probanden nachempfinden kann. Die physiologischen Messungen mittels z.b. medizinischer Apparate, sind sehr aufwendig und teuer. Zudem würde es auch nur physiologische Reaktionen z.b. im Gehirn, zeigen, jedoch nicht das tatsächliche Empfinden des Patienten abbilden (Döring & Bortz, 2016, S.141).

Die Studienleitung wählt ein randomisiertes Kontrollgruppendesign, dass die potenziellen Teilnehmer, in zwei Gruppen, einteilt. Das randomisierte Design wird in folgende Messzeitpunkte unterteilt:

Messung Nr.1 – Standardintervention **plus** MT– Messung Nr.2 (MT-Gruppe)

Messung Nr.1 – Standardintervention **ohne** MT – Messung Nr.2 (Kontrollgruppe)

Follow-up- Messung nach 3 Monaten / ggf. nach 12 Monaten (beide Gruppen)

Die erste Messung erfolgt vor dem Erhalt der 12-wöchigen Interventionen, d.h. beispielsweise am Aufnahmetag in der Klinik. Nach der ersten Messung erfolgt dann die Behandlungszeit. Die Patienten in der MT-Gruppe erhalten zu der Standardtherapie, die aus Psychotherapie und Antidepressiva besteht, noch zusätzlich zwei Mal wöchentlich MT. Die Kontrollgruppe hingegen erhält nur die Standardtherapie ohne MT. Im Anschluss, d.h. nach einer Behandlungsphase von 12 Wochen, erfolgt die zweite Messung. Die Messung erfolgt beispielsweise am Abreisetag der Patienten. Im Zuge der evaluativen Studie wird in Form einer Follow-up-Untersuchung eine dritte und vierte Messung nach drei und zwölf Monaten erfolgen, um einen Vergleich für eventuell langfristige Effekte zu messen und in den beiden Gruppen zu vergleichen. Wissenschaftlich gesehen bietet dieses Studiendesign einige Vorteile, da sich durch die zufällige Zuordnung der Personen in beiden Gruppen die Vergleichbarkeit erhöht und durch die erste Messung das Ausgangsniveau erfasst und somit auch überprüft werden kann, ob sich die Gruppen hinsichtlich relevanter Merkmale vor der Intervention unterschieden, haben bzw. vergleichbar waren. Selbst wenn sich keine Vergleichbarkeit zeigt, kann das Ausmaß der Veränderungen beider Gruppen zueinander ins Verhältnis gesetzt werden, um so die Wirksamkeit der MT zu bewerten. Natürlich birgt dieses Studiendesign auch mögliche Nachteile. Beispielsweise können sich allein durch die therapeutische Aufmerksamkeit und Zuwendungen positive Veränderungen bei den Patienten einstellen und gleichzeitig kann es in der Kontrollgruppe zu Verschlechterungen der Symptomatik kommen, wenn sie wissen, dass sie keine MT erhalten. In beiden Fällen wäre daher eine Überschätzung der Wirksamkeit der MT gegeben. Um diesem Effekt auszuweichen, könnte man eine „Blindstudie" durchführen, indem die Teilnehmer keine Informationen über die Untersuchung erhalten. Hier müssen, wie bereits in der Einleitung erwähnt, die ethischen Aspekte ausführlich diskutiert und abgewogen werden (Raab-Steiner & Benesch, 2015, S.44-45).

Des Weiteren können bei den Nachher-Messungen sogenannte Übungseffekte auftreten, die ebenfalls zu einer Überschätzung der Wirksamkeit der MT führen würde. Auch die Kontrollgruppe kann positive Veränderungen in der Symptomatik zeigen, allein durch die therapeutische Zuwendung und Aufmerksamkeit. Und auch eine zeitlich zu nah geplante Messung nach Erhalt der Intervention kann nur kurzfriste Lerneffekte zeigen, die jedoch nicht stabil sind und nicht lange anhalten. Grundsätzlich sind Veränderungen auch in eine andere Richtung möglich. Effekte werden jedoch häufig unterschätzt, weil Verhaltensänderungen sich meist erst nach und nach einspielen und verfestigen. Um so wenig Beeinflussung der Teilnehmer, wie möglich, zu erhalten, wurde sich, wie bereits erwähnt, für eine Blindstudie entschieden (Lamnek & Krell, 2014, S. 248).

1.4 Auswahl des Samples

Die Teilnehmerauswahl erfolgt nach einer einfachen Zufallsauswahl, wobei die Patienten zufällig aus der Grundgesamtheit gezogen werden. Die Studienplanung sieht mind. 100 Patienten pro Gruppe vor, da mit Abbrechern, Verweigerern oder mit einer Non-Respons-Rate von mindestens 20% gerechnet werden muss. Dies würde auch die Voraussetzung einer quantitativen Studie mit mindestens 100 Patienten erfüllen (Döring & Bortz, 2016, S.296). Die Randomisierung, d.h. die zufällige Zuteilung der Untersuchungspersonen auf zwei Gruppen soll bewirken, dass alle Merkmale zwischen den Gruppen nur zufällig variieren. Damit wird ausgeschlossen, dass Unterschiede in der abhängigen Variablen auf bereits vor der Intervention bestehende Unterschiede zwischen den Gruppen zurückzuführen sind (Raithel, 2008, S.54-59).

1.5 Methode der Datenerhebung und Datenauswertung

Da es bereits valide Messinstrumente und Inventare gibt, die Veränderungen einer Depression messen können, wird auf Konzeptualisierung und Konstruktion eines Erhebungsinstrumentes sowie eine aufwendige Operationalisierung verzichtet. Außerdem wäre die Konzeption eines eigenen Fragebogens zu kosten- und zeitintensiv. Zudem müsste noch ein umfangreiches Testmanual zum Fragebogen angefertigt werden und mehrere Pre-Test vor dem eigentlichen Einsatz erfolgen. Daher wurde sich dafür entschieden als primäres Messinstrument die Montgomery-Asberg-Depression-Rating-Scale (MADRS) von Montgomery und Asberg (1979) zu verwenden, da sich diese als ein sehr sensitives Messinstrument für depressive Veränderungen bewährt hat und als eine verlässliche und zeitökonomische Einschätzungsskala gilt (Rush; First & Blacker, 2008; Fachner & Erkkilä, 2013, S.37). Um auch die multiplen und häufigsten Komorbiditäten, wie z.B. Angststörungen oder soziale sowie psychologische Funktionseinschränkungen im Beruf zu erfassen, werden auch die Hospital Anxiety and Depression Scale (HADS-A) von Zigmund und Snaith (1983) sowie das Global Assessment of Functioning (GAF) von Hall (1995) eingesetzt (Fachner & Erkkilä, 2013, S.37). Die erhobenen Daten werden dann in das Programm SPSS eingetragen und mit entsprechenden Anwendungen ausgewertet, wonach dann mögliche signifikante Unterschiede gefunden werden können (Raithel, 2008, S.119).

1.6 Ergebnisse und Interpretation

Da viele Faktoren die Depression beeinflussen, dürfen die Ergebnisse der Studie nur vorsichtig interpretiert werden. Nicht nur die bereits genannten Effekte können auftreten, auch durch die Erkrankung selbst können einige Einflüsse passieren. Beispielsweise spielt die Tagesform eines Probanden eine wichtige Rolle. Wenn der Betroffene einen Fragebogen an einem guten Tag ausfüllt, kann das Ergebnis anders ausfallen, als wenn er in einer schlechteren Verfassung war. Außerdem ist es abhängig, ob ein Teilnehmer ggf. Unterstützung durch Familie oder Freunde beim Ausfüllen hatte. Auch sollten soziale Faktoren nicht unterschätzt werden. Ebenso die Einnahme von Antidepressiva oder anderen Medikamenten kann zu gewissen Einflüssen und auch Nebenwirkungen führen. Zusätzlich können noch komorbide Faktoren miteinspielen (Metzner, 2014, S.23; Heise, Steinberg & Himmerich, 2013, S.432).

Aufgabe 2

2.1 Besonderheiten bei depressiven Patienten

Depressionen sind kein homogenes Krankheitsbild, sondern sehr komplex. Nach der Internationalen Klassifikation von Störungsbildern (ICD-10) wird die Gruppe depressiver Störungen den affektiven Störungen zugrunde gelegt und in die depressive Episode (F32.) und die rezidivierende depressive Störung (F33.) mit jeweils drei Schweregraden, mit oder ohne psychotische Symptome sowie anhaltende affektive Störungen (F33.) unterteilt (Dilling, Mombour & Schmidt, 2015). Bei der Einbindung depressiver Personengruppen in eine wissenschaftliche Studie ist zunächst das Krankheitsbild einer Depression näher zu betrachten. Laut der aktuellen S3-Leitlinien für Unipolare Depressionen der Deutschen Gesellschafft für Psychiatrie, Psychotherapie und Nervenheilkunde (2017) weist die depressive Störung folgende Hauptsymptome auf: gedrückte Stimmung, Interessenverlust, Freudlosigkeit, Verminderung des Antriebs und schnelle Ermüdung. Zusätzlich können weitere Begleitsymptome, wie Ängstlichkeit, verminderte Konzentration und Aufmerksamkeit, ein vermindertes Selbstwertgefühl und Selbstbewusstsein, Schuldgefühle und ein Gefühl von Wertlosigkeit, Schlafstörungen, Suizidgedanken und verminderter Appetit hinzukommen. Außerdem wird das Krankheitsbild in drei verschiedene Schweregrade unterteilt, wie leicht, mittel und schwer. Die Patienten haben meist noch Komorbiditäten, wie somatische Schmerzzustände, Essstörungen oder Angsterkrankungen usw., die noch begleitend auftreten können und den depressiven Zustand negativ beeinflussen können (DGPPN, BÄK, KBV, AWMF, 2017, S.12).

2.2 Möglichkeiten und Empfehlungen bei der Studienplanung

Ausgehend von diesem Hintergrundwissen sollten Studien so geplant werden, dass depressive Patienten nicht überfordert werden und die Studie nicht als müßig und anstrengend empfunden wird. Im Vordergrund der psychisch kranken Menschen steht hauptsächlich die kognitive Beeinträchtigung bzw. Leistungsminderung und wird noch zusätzlich durch Antriebsminderung negativ beeinflusst (Böker, 2011, S.31).
Es ist daher zu empfehlen ein quantitatives Studiendesign zu konzipieren. Die quantitative Vorgehensweise hat eine hohe praktische Relevanz und vielfältige Einsatzmöglichkeiten. Die Studie könnte beispielsweise das klassische

Messinstrument des standardisierten Fragebogens verwenden (Kromrey, 2009, S. 237). Der Fragebogen sollte geschlossene Fragen verwenden, da besonders psychisch belastete Personen eher bereit sein werden, vorgefertigte Skalen zu beantworten als selbst Antworten zu verbalisieren (Raab-Steiner & Benesch, 2015, S. 53). Die Antworten sollten in Form von Ratingskalen vorgegeben sein, wie z.B. „sehr schwer", „schwer", „mäßig", „ein wenig" oder „gar nicht". Die Abstufungen der Antwortskalen sollte nicht zu hoch sein und sich bei depressiven Personengruppen maximal zwischen drei und fünf Kategorien bewegen, da die Probanden sonst mit der „Qual der Wahl" zu kämpfen haben und schnell ermüden oder sich überfordert fühlen (Raab-Steiner & Benesch, 2015, S. 53-60).

Auch die Bearbeitungszeit eines Fragebogens ist niedriger als bei einer qualitativen, schriftlichen Befragung oder einem persönlichen Interview. Es wird einfacher sein einen depressiven Patienten für eine leichthandhabbare Studie zu begeistern und Motivation aufzubringen, wenn die Bedingungen der Teilnahme dem Probanden als machbar erscheinen. Zudem ist es möglich, dass Angehörige oder andere Personen ihm bei der Beantwortung helfen können, indem sie die Fragen und Skalen vorlesen und ankreuzen (Hoyer, Schneider & Margraf, 2018, S. 304). Als qualitativ hochwertige, aber auch kostenintensive und zeitintensive Alternative könnte auch eine Study Nurse (Studienleitung/-begleitung) eine solche Untersuchung leiten und begleiten und bei besonderen Fällen helfend zur Seite stehen. Natürlich ist auch die Hilfe von Angehörigen oder Dritten beim Ausfüllen des Fragebogens möglich, aber hier besteht die Gefahr, dass Antworten möglicherweise verfälscht werden, weil Angehörige evtl. Fragen selbst beantworten oder zu rasch durchgehen und dem Probanden nicht ausreichend Zeit zum Überlegen und Antworten lassen. Hierbei wäre eine Fachkraft, die die Studie leitet, unabhängiger und würde sich an die Untersuchungsbedingungen des Studienmanuals halten. Zudem wären bei Rückfragen und Problemen kompetentere Aussagen gegeben. Es würde die Objektivität der Befragung steigern (Schütte & Schmies, 2014, S.803-806; Lamnek; Krell, 2014, S. 168). Besondere Ausschlusskriterien sind schwere Krankheitsverläufe, Suizidabsichten, psychotische Symptomatiken (z.B. Wahn oder andere psychotische Symptome) und hohe multiple Komorbidität. Auch kann die Einnahme von diversen Medikamenten zu erheblichen Nebenwirkungen führen, wie z.B. Benommenheit, Schläfrigkeit, Konzentrationsstörungen usw., was zu Antwortverzerrungen führen würde. Ein klares

Ausschlusskriterium wäre der regelmäßige Konsum von Substanzmitteln, wie Drogen oder Alkohol, die ebenso die Ergebnisse erheblich beeinflussen könnten (Wittchen & Hoyer, 2013, S. 744). Die Belastungen und Beeinflussungen diverser Faktoren wären dann für eine Untersuchung zu hoch. Grundsätzlich ist die Teilnahme anonym und freiwillig und bedarf auch eine gute Überzeugungskunst und einer Portion Eigenmotivation (Döring & Bortz, 2016, S.405). Aber es muss selbst bei geeigneter Teilnahme damit gerechnet werden, dass depressive Patienten großen Stimmungsschwankungen und vermindertem Antrieb durch ihre Erkrankung ausgesetzt sind, die je nach Tagesform sehr unterschiedlich sein können. Viele Betroffene beschreiben ihren Zustand als haben sie „keine Energie" mehr und leiden parallel noch an chronischen Schmerzzuständen. Es soll vermieden werden die Teilnehmer kognitiv zu überfordern und zu großen Anstrengungen auszusetzen, da es schnell zu Resignation kommen kann und der Patient die Therapie bzw. die Studie abbricht (Wittchen & Hoyer, 2015, S. 881-889).

Ein weiterer Aspekt ist die Störung der Gedächtnis- und Merkfähigkeit und Vergesslichkeit. Die immerhin mit einer Skala „ich weiß nicht" oder „ich erinnere mich nicht" abgefangen werden könnte, um den Probanden ehrliche Antworten zu ermöglichen und auch eine Resignation vorzubeugen, da sonst Selbstzweifel die Teilnahme an der Studie in Frage stellen könnten (Raab-Steiner & Benesch, 2015, S.55). Letztlich muss immer individuell abgewogen werden, ob ein depressiver Patient als studientauglich eingestuft wird oder nicht. Mit dem Angebot von fachlicher Begleitung und Unterstützung wäre die Studie möglicherweise für viele Patienten annehmbarer und attraktiver. Da viele depressive Patienten sich mehr konservative Therapiemöglichkeiten wünschen, könnte die Überzeugung an einer Studie mitzuwirken erhöht werden, wenn die Teilnehmer einen Beitrag leisten können, um Therapieoptionen zu ergänzen und anderen Betroffenen damit zu helfen (Maratos, Gold & Wang, 2009).

Aufgabe 3

3.1 Definition und Beschreibung der Metaanalyse

Der Begriff Metanalyse ist ein quantitatives statistisches Verfahren, das erstmals durch Glass (1976) eingeführt wurde. Die „analysis of analyses" (Glass, 1976, S. 3) wird auch als Tertiäranalyse bezeichnet und stellt neben Primär- und Sekundäranalysen einen dritten Forschungstyp dar. Die Methode bietet die Möglichkeit, angesichts der Flut an Publikationen und Untersuchungen, empirische Ergebnisse verschiedener quantitativer Untersuchungen mit dem gleichen Gegenstandsbereich statistisch zusammenzufassen, um so einen Überblick über den Forschungsbereich zu geben. Es kann nach der Auswertung beispielsweise Aussagen zu einem bestimmten statistischen Effekt gegeben werden, wie z.B. den Mittelwert, die Mittelwertdifferenz, die Korrelation, den Prozentwert, das relative Risiko oder das Quotenverhältnis (Döring & Bortz, 2016, S. 895-898). Neben der überblicksartigen Zusammenfassung von Ergebnissen geht es bei Metaanalysen auch um die Erklärung unterschiedlicher Befunde und um die Beschreibung der Unterschiedlichkeit der verschiedenen Studien. Dazu wird empfohlen auch sogenannte „graue Literatur", wie beispielsweise Arbeitspapiere, Konferenzbeiträge oder Examensarbeiten sowie unveröffentlichte Ergebnisse einzubeziehen (Hussy, 2013, S.160).

Nach Wagner & Weiß (2014, S.1120-1121) umfasst die Metaanalyse in der Regel fünf Verfahrensschritte:

1. Spezifikation des Forschungsproblems und der Forschungsfrage
2. Datenerhebung
3. Datenaufbereitung
4. Datenanalyse
5. Interpretation der Befunde

Bei der *Spezifikation des Forschungsproblems und der Forschungsfrage* ist der Ablauf ähnlich wie bei Primärstudien. Allerdings besteht bei Metaanalysen die

Einschränkung, dass nur solche Forschungsfragen geeignet sind, die bereits ausreichend empirische Befunde bieten. Bei der *Datenerhebung* ist eine umfassende und systematische Literatursuche die Basis einer Metaanalyse. Neben entsprechenden psychologischen Datenbanken oder Fachzeitschriften sollte unbedingt auch graue Literatur hinzugezogen werden, um die Gefahr von Verzerrungen und Überschätzungen von Effekten zu vermeiden. Bei der *Datenaufbereitung* werden die ausgewählten Studien vercodet, d.h. es werden die Befundstatistiken, wie z.b. Effektstärke und Standardfehler, aufgenommen sowie weitere Publikationsmerkmale (z.b. Publikationstyp und -jahr), Studien- und Stichprobenmerkmale (z.B Jahr der Erhebung) oder auch Qualitätsmerkmale registriert. Um die Qualität und Güte der Metaanalyse zu sichern und reliable sowie valide Ergebnisse aus Primär- oder Sekundärstudien zu liefern, können zwei Lösungswege beschritten werden: Ausschlusskriterien und Moderatorvariablen. Bei Ausschlusskriterien werden sogenannte Mindeststandards festgelegt, die erfüllt sein müssen, damit die Studie weiter in der Analyse bleiben kann. Beispielsweise könnte gefordert werden, dass neben einer Experimentalgruppe, mindestens eine Vergleichsgruppe an der Untersuchung beteiligt ist. Die Moderatorvariable „Studienqualität" inkludiert auch methodisch schwächere Arbeiten in die Analyse mit ein, wird jedoch gemäß ihrer Codierung schwächer gewichtet oder der Vergleich erfolgt ggf. ohne die schwächer codierten Arbeiten (Wagner & Weiß (2014, S.1120-1121).

Die *Datenanalyse* besteht aus drei Schritten. Zuerst erfolgt die Befundintegration (auf die im folgenden Kapitel 3.2 noch ausführlicher eingegangen wird), wobei die einzelnen Befundstatistiken zu einer Gesamtstatistik zusammengefasst werden. Im nächsten Schritt erfolgt sie Heterogenitätsanalyse, die die Variation der Befundstatistiken analysiert und ggf. erklärt. Im letzten Schritt wird die Analyse fehlender Werte durchgeführt, wobei u.a. überprüft wird, ob eine Publikationsbias vorhanden ist. Final werden alle Verfahrensschritte zusammengefasst und im Einzelnen dargestellt, sodass der Leser sich ein genaueres Bild über die Auswahl der Studien machen kann. Die Interpretation der Befunde muss differenzierte Aussagen über interne Validität und Geltungsbereiche der Ergebnisse liefern sowie die ermittelte Gesamteffektgröße in den jeweiligen thematischen Rahmen einordnen (Wagner & Weis, 2014, S. 1120-1121).

3.2 Methoden der Befundintegration bei Metaanalysen

Um die Befunde in Metaanalysen zu integrieren, gibt es zwei Methoden bzw. Modelle, die sich dem sogenannten Vote-Counting anschließen: (1) Fixed-Effects-Model (FEM) und (2) Random Effects Model (REM). Das Vote-Counting kommt zur Anwendung, wenn Informationen über die Richtung und die statistische Signifikanz der Effekte vorliegen. Die Effekte werden danach geordnet, ob sie signifikant positiv oder signifikant negativ oder nicht signifikant sind. Daraufhin wird der Modalwert bestimmt. Dieser wird ermittelt, indem ermittelt wird, welcher dieser drei Kategorien in der untersuchten Studie am häufigsten ist. Sobald die Informationen über die Befundstatistik und deren Standardfehler vorliegen werden die Befunde zu einem gewichteten arithmetischen Mittel zusammengefasst. Dabei stellt sich die Frage, wie die einzelnen Studien für die Zusammenfassung bewertet werden sollen, wofür die zwei unterschiedlichen Methoden bzw. Modelle genutzt werden können. Das FEM behauptet, dass die Befundstreuung allein auf den bereits erwähnten Stichprobenfehler zurückgeht. Das bedeutet, dass allen Studien derselbe Populationseffekt zugrunde liegt. Studien mit geringen Stichprobenumfang weisen einen hohen Stichprobenfehler auf, weshalb die Stichprobe im FEM mit einem geringeren Gewichtsfaktor in die Berechnung des gewichteten Durchschnitts geht. Das REM nimmt dagegen an, dass neben den Stichprobenfehlern noch weitere studienspezifische Effekte für die Unterschiede verantwortlich sind. Die einzelnen Stichproben werden also als aus unterschiedlichen Populationen stammend angesehen, da die Studien auf unterschiedliche Studienteilnehmer oder unterschiedliche Bedingungen der Untersuchungen bestehen. Sie werden als Zufallsfehler bezeichnet und gehen so in die Berechnung ein (Bortz & Döring, 2016, S.896; Wagner & Weiß, 2014, S.1121-1123).

3.3 Vor- und Nachteile der Metaanalysen

Die Metaanalyse bietet auch eine wissenschaftlich fundierte Alternative zu narrativen Reviews, da sie mehr standardisiert und weniger subjektiv vorgeht. Ein weiterer Vorteil ist auch, dass wenn die Befundlage bei sozialwissenschaftlichen Fragestellungen sehr heterogen und inkonsistent ist, die Metaanalyse helfen kann, die Größe der

Heterogenität der Befunde zu bestimmen und die Faktoren für die Heterogenität zu identifizieren (Döring & Bortz, 2016, 894). Rothenstein, Sutton und Borenstein (2004) postulieren, dass geeignete Ein- bzw. Ausschlusskriterien formuliert werden müssten, um sogenannten Publikationsverzerrungen vorzubeugen, da dies für die Validität einschränkend ist. Es nennt sich das sogenannte File-Drawer-Problem. Dies entsteht, indem der Publikationsbias, der durch die Tendenz von Wissenschaftlern insignifikante Ergebnisse gar nicht erst publiziert. Es kann jedoch minimiert werden, wenn sogenannte „graue Literatur" in die Untersuchung miteinbezogen wird (Becker, 2004). Ein weiterer Nachteil ist das Apples and Oranges Problem. Es wird immer kritisiert, dass keine Äpfel mit Birnen verglichen werden können, da die für die Analyse herangezogenen Primärstudien nicht im ausreichenden Maße vergleichbar wären. Die Gründe sind verschieden, wie z.B. unterschiedliche Operationalisierungen und unterschiedliche Auswertungsmethoden sowie unterschiedliche Eigenschaften der Stichprobe usw. Die Lösung für dieses Problem kann den Einfluss von Studieneffekten auf die Größe der ermittelten durchschnittlichen Effektstärke im Rahmen regressionsanalytischer Verfahren überprüfen. Es kursiert auch der Vorwurf gegenüber Metaanalysen, dass sie Studien von unterschiedlicher Qualität miteinander in Beziehung setzen, wie z.B. „garbage in- garbage out". Das bedeutet, wenn nur Schrott reinkommt, kann nur Schrott rauskommen (Hussy, 2013, S.161).

3.4 Ziele der Metaanalyse

Die Metaanalyse verfolgt drei wissenschaftliche Ziele. Das erste Ziel ist die kumulative Entwicklung. Das heißt, die Forschung soll Fragen beantworten und Wissenslücken füllen, um die Erklärungskraft von Theorie und Praxis besser einschätzen zu können. Das zweite Ziel wäre die übersichtliche Zusammenfassung der Forschungsergebnisse zur Beurteilung und Brauchbarkeit sowie der Effizienz von Interventionen. Das dritte Ziel ist die Generalisierbarkeit. Hierbei ist die Identifizierung von möglichst universellen Gesetzen und Zusammenhängen der Forschungsergebnisse wichtig. Die Replikation empirischer Fragestellungen mit mehreren unabhängigen Stichproben erhöht diese Generalisierbarkeit (Allen, 2009, S.398-407).

3.5 Zusammenfassung der Studie von Cuijpers et al. (2014)

In der Studie von Cuijpers, Koole, van Dijke, Roca; Li & Reynolds (2014) „Psychotherapy of subclinical depression: meta-analysis." handelt es sich um folgende Fragestellung: Die Forscher wollen der kontroversdiskutierten Frage nachgehen, ob Psychotherapien bei der Behandlung von subklinischen Depressionen mit klinisch relevanten depressiven Symptomen, jedoch ohne Vorliegen einer schweren depressiven Störung, wirksamer sind. Das Ergebnis der Metaanalyse ist, dass psychologische Behandlungen einen kleinen bis mittelschweren, aber statistisch signifikanten Effekt auf die subklinische Depression hatten, mit einer „number needed to treat" (NNT) von etwa 5. Nach sechs Monaten Behandlung lag die NNT bei 10 und nach zwölf Monaten einer NNT von 16 und somit eine präventive Wirkung auf das Auftreten einer schweren depressiven Störung. Allerdings geben die Forscher einige Einschränkungen zu bedenken. Es wurden erhebliche Unterschiede zwischen den Zielgruppen, Interventionen und Merkmalen der einbezogenen Studien sowie eine geringe Qualität mehrerer der einbezogenen Studien festgestellt. Die Teilmenge der qualitativ hochwertigen Studien führten zu einer statistisch zuverlässigen Wirkung, die jedoch nicht vollständig auf die klinische Heterogenität der eingeschlossenen Studien eingeht. Zweitens ist die statistische Aussagekraft zu gering, dass es Beweis genug wäre zu behaupten, dass cognitiv behavioral therapy (CBT) effektiver als andere Psychotherapien sei. Drittens ist die Studienauswahl nicht von zwei unabhängigen Forschern durchgeführt worden, obwohl die Qualitätsbewertung und Datenabstraktion unabhängig von zwei Bewertern durchgeführt wurden. Die vierte Limitation ist, dass die meisten verwendeten Studien nur Selbstberichtsmaßnahmen sind und dass die von Ärzten bewerteten Ergebnisse keinen signifikanten Nutzen von Psychotherapien gegenüber der Kontrolle zeigten. Abschließende Implikation der Forscher lautet: Das psychologische Therapien in der Behandlung von Depressionen wirksam sein können und auch die Symptome einer Major Depression reduzieren können. Dieses Ergebnis sollten jedoch in weiteren randomisierten Studien bestätigt werden, da die klinische Heterogenität, die niedrige Qualität der eingeschlossenen Studien, sowie die vom Arzt bewerteten Ergebnisse keine Signifikanz erlangten (Cuijpers et al., 2014, S. 273).

Literaturverzeichnis

Allen, M. (2009): Meta-analysis. Communication Monographs, 76 (4), 398-407.

Becker, B.J. (2004): Failsafe N or file-drawer number. In: H.R. Rothenstein, A.J. Sutton & M. Borenstein (Hrsg.), Publication Bias in Meta- Analysis. Prevention, Assessment and Adjustments (S.111-125). New York: Wiley.

Böker, H. (2011): Psychotherapie der Depression. Bern: Huber Verlag.

Cuijpers, J.; Koole, S.L.; van Dijke, A.; Roca, M.; Li, J. & Reynolds, C.F. (2014): Psychotherapy for subclinical depression: meta-analysis. The British Journal of Psychiatry, 205, (268-274).

DGPPN, BÄK, KBV, AWMF (2017): S3- Leitlinie/Nationale Versorgungs-Leitlinie, Unipolare Depression, Kurzfassung, 2. Auflage. Version 1. AWMF-Register-Nr. nvl-005. DOI: 10.6101/AZQ/000366.Zugriff am: 25.06.2022.

Döring, N. & Bortz, J. (2016): Forschungsmethoden und Evaluation. Berlin: Springer.

Fachner, J.; Erkkilä, J. (2012): Das finnische Forschungsmodell einer musiktherapeutischen Behandlungspraxis von Depressionen. Musiktherapeutische Umschau, 34, 1, S. 35-45. Göttingen: Vandenhoeck & Ruprecht Verlag.

Glass, G.V. (1976): Primary, secondary and meta-analysis of research. Educational researcher, 5. (10), 3-8.

Hall, R.C. (1995): Global assessmentof functioning: a modified scale. Psychosomatics 36, 267-275.

Heise, S.; Steinberg, H.; Himmerich, H. (2013): Die Diskussion um die Anwendung und die Wirksamkeit von Musik bei depressiven Störungen in Geschichte und Gegenwart. Forschr Neurol Psychiatr, 81, (426-436). New York: Thieme Verlag.

Hoyer,J.; Schneider, S. & Margraf, J. (2018): Fragebögen, Ratingskalen und Tagebücher. In: Margraf, J. & Schneider, S. (Hrsg.): Lehrbuch der Verhaltenstherapie, Band 1, Grundlagen, Diagnostik, Verfahren und Rahmenbedingungen psychologischer Therapie, 4. Auflage, (S.299-312), Heidelberg: Springer Verlag.

Hussy, W. (2013): Quantitative Forschungsmethoden. In: W. Hussy, M. Schreier & G. Echterhoff (Hrsg.), Forschungsmethoden in Psychologie und Sozialwissenschaften für Bachelor, (S.115-164), Heidelberg: Springer.

Dilling, H.; Mombour, W. & Schmidt, M.H. (2015): Internationale Klassifikation psychischer Störungen: Kapitel V (F)- Klinisch-diagnostische Leitlinien. Göttingen: Hogrefe Verlag.

Kromrey, H. (2009): Empirische Sozialforschung, 12. Auflagen, Stuttgart: Lucius & Lucius.

Lamnek, S. & Krell, C. (2016): Qualitative Sozialforschung. 6 überarbeitete Auflage, Weinheim, Basel: Beltz Verlag.

Maratos, A.; Gold,C.; Wang, X. et al. (2009): Music therapy for depression (Review) Cochrane Db Syst Rev; p.1-20.

Metzner, S. (2014): Musiktherapie bei Depression: Forschungsergebnisse aus klinischer Sicht. Göttingen: Vandenhoeck & Ruprecht Verlag.

Montgomery, S.A.; Asberg, M. (1979): A new depression scale designed to be sensitive to change. British Journal of Psychiatry 134, 382-289.

Raab-Steiner, E. & Benesch, M. (2015): Der Fragebogen. Von der Forschungsidee zur SPSS-Auswertung. 4. Aktualisierte und überarbeitete Auflage.Wien: Facultas Verlag.

Raithel, J. (2008): Quantitative Forschung. Ein Praxiskurs, 2. Durchgesehene Auflage. Wiesbaden: VS-Verlag für Sozialwissenschaften.

Rothenstein, H.R.; Sutton, A.J. & Borenstein, M. (2004): Publication Bias in Meta-Analysis Prevention, Assessment and Adjustment. Wiley Verlag: New York.

Rush, A.J.; First, M.B.; Blacker, D. (2008): Handbook of Psychiatric Measures. Washington, D.C.: American Psychiatric Pub.

Schütte, M. & Schmies, T. (2014): Befragung von speziellen Populationen. In: Bauer, N. & Blasius, J. (Hrsg.), Handbuch Methoden der empirischen Sozialforschung, (S. 799-809). Heidelberg: Springer Verlag.

Wagner, P. & Hering, L. (2014): Online-Befragung. In: Baur, N. & Blasius, J. (Hrsg.), Handbuch Methoden der empirischen Sozialforschung (S.661-674). Heidelberg: Springer Verlag.

Wagner, M.; Weiß, B. (2014): Meta-Analyse. In: N. Bauer & J. Blasius (Hrsg.), Handbuch Methoden der empirischen Sozialforschung (S. 661-674). Heidelberg: Springer Verlag.

Wittchen, H.-J.; Hoyer, J. (2011): Klinische Psychologie & Psychotherapie. 2. Auflage. Berlin, Heidelberg: Springer Verlag.

World Health Organisation (WHO) (2008): The global burden of disease: 2004 update2008.http://www.who.int/healthinfo/global_burden_disease/2004_report_update/en/index.html. (Zugriff am: 24.06.2022.

Zigmond, A.S.; Snaith, R.P. (1983): The Hospital Anxiety and Depression Scale. Acta Psychiatrica Scandinavia 67, 361-370.